CORAZÓN NÓMADA

CORAZÓN NÓMADA

LUCÍA WOLFF RUIZ

Valparaíso
EDICIONES

Número 532 de la Colección VALPARAÍSO DE POESÍA
dirigida por FEDERICO DÍAZ-GRANADOS

Diseño de colección y portada: Chari Nogales
Maquetación: Carlos Henson

Primera edición: noviembre de 2025

© De los poemas: Lucía Wolff Ruiz
© Imagen de portada: *Soir antique* de Alphonse Osbert, (París,
1857-1939), Petit Palais, musée des Beaux-arts de la Ville de
París.

© Valparaíso Ediciones
 C/ Fray Leopoldo, 7 bajo, 18014 Granada
 www.valparaisoediciones.es

 ISBN: 979-13-88007-02-6
 Depósito Legal: GR 1427-2025

 Impreso en España - *Printed in Spain*
 Gráficas Gami

CORAZÓN NÓMADA

Para mis padres Esther y Jürgen.

Para mis abuelos Angelines y Pedro.

To my friends, old and new, near and far.

*No se trata de adquirir nueva información, sino
de ordenar lo que conocemos
desde hace mucho tiempo.*
LUDWIG WITTGENSTEIN

*Useless! Useless!
—heavy rain driving
into the sea*
JACK KEROUAC

*El mundo no es un sólido continente de hechos
salpicado por algunos lagos de incertidumbres, sino
un vasto océano de incertidumbres moteado por
algunas islas de formas calibradas y estabilizada.*
BRUNO LATOUR

CARTA A ZACARÍAS

Mi corazón late de emoción cuando pienso en los paseos por el
    parque, las callejuelas, las avenidas,
las dulces sonrisas de los que aún no conozco iluminando la noche.

Cuando interrogué a mi pena, descubrí detrás de ella un deseo de
    metamorfosis inigualable e implacable.

Debo entonces reinventar mis sueños.
Lo intelectual se vuelve inevitablemente urgente
en el momento post computacional
de esbozar un pasado donde imaginar nuestro(s) futuro(s)

El miedo actúa como una fuerza que nos ancla. Sin embargo, tal
    vez haya llegado el momento de arrojar las cargas por la borda:
porque es más bello navegar.
Sobre calles y tejados en cada esquina: pienso en la paz.
Mi amor por lo maravilloso me induce a creer en ello.

Mi vida es un ensamblaje de anhelos,
nuestras vidas un proceso abierto de edición,
un eterno recuerdo de nostalgia
    sin espacio para todas las cosas que olvidamos por el camino.

NUEVAS FRONTERAS

Me siento en paz
los días en que salen familias y enamorados.

Me siento profundamente inquieta
en la búsqueda de todo lo que es bello y verdadero.
Dudamos del amor como dudamos de la religión.
   ¿Por qué nadie me advirtió de lo que me iba a transformar?

Cada noche vivo mi propia eucaristía celestial,
creyendo en el arte de
largas noches disfrutando de la belleza de algo
   maravilloso que leer.

Esta es la naturaleza de todas las cosas:
 cuando se acerca el sueño
hago la transición de libros duros a libros blandos.

Mi amor fati sigue siendo atómico.
La inmensidad del mundo me produce el placer
de caminar bajo tres soles, con la arena ardiendo a cada paso.

Ojalá se pudieran compartir los fantásticos mundos interiores de las
  personas.
Superar la desconexión entre el yo social y el yo pensante es una tarea
que requiere
  un coraje titánico.
¿Vamos a quedarnos solos en gran parte del laberinto de nuestras
  mentes?

Son tiempos difíciles para el illusio de Occidente.
Yo también me he endurecido como mujer.

Como ya no quiero pensar en ello
salgo y paseo suavemente sobre la nieve.

Una joven pasa a mi lado
y mientras intento pensar en nuevos versos con estilo
ella susurra salmos en voz baja.

PERSEO (HIJO DE ZEUS)

No podemos deshacer
todo lo que le hemos hecho a nuestro pensamiento
lo que hemos dejado que el apetito por la vida
   nos haga.
   Escribí un sermón : para nadie.

Mientras los barcos se alejaban hacia el horizonte,
vi un esqueleto recogiendo uvas.
Los caminos no son rectos,
las cosas no son como las creemos.

Tristeza,
Nunca hemos sido modernos. La ciencia y la tecnología avanzan,
   dejando un precipicio//entre el final de una persona//y el
   comienzo de otra. No hay nada "bello" o "poético" en el
   naufragio.

¿Han cantado su Ave María? Los rabiosos parecen ser los que
   más saben. Calor que sube de la tierra,
me mantengo a flote
sin saber qué hacer en los días más largos de la vida; esperando
   que mi locura no sea expuesta. Cada aliento que respiro,

cenizas calientes para los árboles,
nos conocimos cuando éramos casi jóvenes

y soñé
que levantaba el ancla del miedo, partía hacia nuevas costas
y la paloma blanca volaba también.

Nos inclinamos ante todo lo sagrado; qué familiar// sentirse tan
  desconocido-
    ¿qué tipo de poesía debemos escribir?
        ¿Es capaz la poesía de pensamiento sociológico avanzado?

El rumor de la hierba,
  la danza de la alondra.

El rictus de su rostro era extraño, algo es (_____)

una casa está llena de *cosas*
que podrían quemarte.

Sólo lo que no tiene historia es definible:
pertenezco a los siete hijos no bautizados de Andrómeda,
ahora hay un extraño tendido en mi tumba.

Olas de blanco ante mis ojos,
vi oscuridad
donde debería haber visto luz, estrellas
ondeando
en el Océano Pacífico en las noches de luna nueva.
Mientras los marineros rezaban a su Dios de neón,
nosotros permanecíamos en silencio, pero ellos habían
    entendido.

Tener que volver a ahogarnos
    fue una pesadilla.
Ver
     nuestras propias caras
mientras desaparecían en las oscuras aguas

fue una pesadilla.

Pero ahora no creo en tales fábulas y cuentos. He caminado
    más de lo que pretendía.
Las leyes existen
porque creemos en ellas-

El "cielo" es una construcción de nuestras mentes.

Ahora me considero preparada para pisar la Luna.
    Imprudente
en mi necesidad de lo posible, sé
que no hay vuelta atrás, mis maletas ya están hechas,
el futuro
una religión

    en la que bien podría creer.

En el centro de cada persona hay datos. La misma aburrida,
    herida, irrisoria
    esperanza.

CORAZÓN NÓMADA

Mi cabeza es una fábrica de sueños: ahora que me he liberado de
    todas las restricciones me he vuelto
i[rastreable]
Los pensamientos son sólo un mecanismo para procesar el deseo
    [tap to insert] la clasificación de la genealogía de las nubes. [tap
    to insert] espiral del absurdo:

él parece querer conocerme y yo no quiero ser conocida. [stop]
Me acosan sueños de furia irresistible.
"¿Qué hay dentro de tu cabeza que dudas tanto en revelar?"

Volar es agotador.   Siempre saca lo peor de mí.   Mis ojos se
    hinchan y
el péndulo de mi mente oscila entre el sentido y el sinsentido, entre
    lo correcto y lo incorrecto, entre lo inspirado y lo tedioso.

Soy consciente de todas las desviaciones que puede tomar el yo:
cuando las manos son sólo manos
y los cuellos son sólo cuellos.   ¿Qué es, esta prolongada
    necesidad de [ilegible]?

Corro junto a ellos en la playa de la vida
y cuando los soldados del recuerdo han hecho su trabajo
el sonido de los aviones de arriba parece desaparecer.
Hemos tomado la autopista de las nubes.

Entonces me viene el pensamiento de las ventanas altas de Larkin:
    aire prístino que no significa nada y es interminable y no lleva a
    ninguna parte

y soy yo, tu humilde servidora
la que devora tus palabras- me doy la vuelta y
mira, Maestro, ¡observa *nuestras* flores!

cómo se deslizan por la escalera de la vida
hacia el olvido, sin fin.

PARTIDA (PARA UNA GENERACIÓN)

El día en que nada nos complazca
y nada se complazca en nosotros

dejemos que las noches atlánticas reflexionen, oscuras, húmedas
    y solemnes.

Me gustaría disfrutar de la intimidad de mi propia cabeza.
La ficción gramatical cambia de «yo» a «nosotros»
(nuestras cabezas son como cárceles diurnas).
Y nos queda el cielo, y nada más.

Somos anticuados, pero
¿acaso no amamos el futuro?

Del tiempo nadie puede curarse.
Al dolor nadie puede ponerle precio.
El amor nos cambia. Nos hace mejores.

En este preludio infinito al olvido llamado vida
nos traduciremos a nosotros mismos:
la mayoría de las cosas que nos mueven están mal.

Nuestras cabezas // esclavas de patrones ancestrales.
Nuestra mente colectiva // una celosía rota.
En ella no tenemos rostro.

Sentados en un rincón esperando algo
que nunca será:

así es como volver a poner pájaros en el cielo.
Esta es la taxidermia de la desesperación.
Lo que durante tanto tiempo se ha ignorado, ahora llama.

Nuestra necesidad se desborda y se derrama.
No podemos desaprender el lenguaje:
ahí estará, martilleando en
en nuestras cabezas.

Porque rezamos a un Dios de otro tiempo
tan antiguo como el sufrimiento humano
tan joven como las nuevas alegrías.

Esta noche la luna destaca por su severidad:
no hay paz sin visión
como no hay armisticio
para una madre que entierra a su hijo.

Esta carga
es demasiado pesada
para uno.

Ven, abre las manos
reguemos juntos
las flores de la esperanza ✣

SECRETOS

Todos los girasoles
están secos.
Cuando tienes un secreto-
los demás pueden sentirlo.
La gente se sienta
un poquito más cerca.

PANOPTICUM/ HETEROTOPÍA

Sólo se nos podría dejar fuera de cautiverio cuando se aseguraran
de que nos comportaríamos como debemos…

El Señor K. ama el mundo, excepto a toda la gente.
Die Welt schreibt sich nicht von alleine/El mundo no se va a escribir solo.
El Señor K. ha puesto un cartel en la puerta de su habitación que
    dice: filósofos, no os acerquéis.
Uno no puede dirigirse a quien cree que no existe.

No soy ajena a las fuerzas que pretenden gobernar nuestras vidas.
Sin embargo, mi puesta de sol es tan hermosa que no me canso de
    mirarla.
Retirémonos a algún lugar donde nos dejen pensar
y pensemos, pensemos en rostros fabulosos-
la nostalgia es el más bello de los cansancios.

Aquí no dejamos lugar a la angustia, pues la lenta marcha del mundo
    nos redimirá a todos:
nunca olvidaremos lo que somos
    solamente… pasajeros en el maravilloso viaje de la vida.

Al rellenar el cuestionario, el Señor K. afirma que "lo que le importa
    es el derecho a ser libre".
El Señor K. afirma que el único lugar donde la información está
    segura es en su cabeza
…por eso no quedan estrellas bajo el océano.

Mientras el resto del mundo parece cambiar, yo estoy atrapada en un

purgatorio inamovible:
y a altas horas de la noche
todo lo que hago es doler
    y pintar, codificar y transcribir nuestra locura.

La risa como campanilla: lo bello es cotidiano. El amor aparece
    en los rincones más inesperados.
Break the black box: viejas normas/cuestiones modernas.
No es el drama de la vida lo que nos interesa, sino su *zumbido*.

ARCHIVOS DE LA MODERNIDAD, IX

Estoy convencida de que escribir cartas es muy importante, incluso hoy en día. Una carta que llega en hora puede transmitir significado a su destinatario y ahorrar una fracción de tiempo, tan fugaz como las acuarelas corriendo bajo la lluvia.

Últimamente, he estado reflexionando bastante sobre la memoria. Los años vividos hasta ahora han sido tan intensos y ricos en particularidades que me gustaría llevar una crónica de ellos. Pero es casi imposible, los recuerdos afloran cuando quieren y a través de diferentes medios: fotografías, postales, notas, poemas... Una simple alma no puede contener tanta existencia. Mi asfixiante necesidad de rectitud, pulcritud y orden se ve superada por un demoledor deseo de libertad y de la fuerza de la vida misma: el caos y lo incontrolable de nuestro entorno y destino. Pero intento mejorar, de verdad. Quiero aprender a disfrutar del tumulto natural, del desorden necesario de la existencia. Lo vivido no es algo que se pueda organizar ordenadamente en archivadores.

Una de las cosas más conmovedoras que he comprendido a lo largo de los años es la desconexión que surge entre el "yo social" y el "yo mental" o artístico. El yo social puede sentirse lleno de calor y estar rodeado de gente encantadora, almas afines que levantan el ánimo y dan alegría. Pero el yo pensante tiene algo de obstinado y distante, que insiste en permanecer adormecido y desamparado. La inmensidad de los mundos que percibimos a través del pensamiento prospera en un dualismo brutal. La energía que esto provoca es la del coraje titánico. Otras veces podemos sentirnos mareados, desorientados, insignificantes, como si estuviéramos solos, minúsculos, frente a una ola helada. El mundo es demasiado deslumbrante y complejo para asumir su análisis en solitario.

A veces me siento muy conectada y sensible hacia la vida, mientras que otras veces tengo la sensación de estar dando golpecitos a cosas que parecen aisladas e inciertas. ¿El afecto que uno siente por la unión y la gente nunca se traslada al yo intelectual? ¿Debemos permanecer solos en gran parte del laberinto de nuestras mentes? Deseo poder compartir los fantásticos mundos interiores de las personas, y quizá por eso disfruto con la poesía. La vida en sí misma es material poético. Está llena de sutilezas embarradas que hay que descifrar. Ahora tengo veintidós años, y puede que sea demasiado joven para comprenderlo. ¿Seré alguna vez capaz de articular plenamente la tensión, la aflicción que señalo? La persona que somos por fuera no siempre se corresponde con la que somos por dentro. No se trata de un engaño, sino de una multiplicación del universo interior. ¿Se aprende alguna vez a salvar la desconexión entre el yo social y el intelectual? ¿Es algo que las personas maduran a medida que envejecen? ¿Abandonamos *alguna vez* la soledad, la melancolía que hay en nosotros?

We are fools to make war on our brothers in arms ♪ El Weltschmerz, el cansancio del mundo es fuerte estos días, y la maquinaria del poder parece aún más engañosa y compleja que antes. Ojalá pudiera hacer algo. Ojalá tuviera respuestas. Como dijo Latour, la nueva universalidad consiste en sentir que el suelo está a punto de ceder. Esto es tristemente cierto para muchos. Ojalá conociera el mundo para poder dibujar un mapa en el que ya nadie fuera herido ni se sintiera olvidado. Hoy en día me sobreviene una sensación de egoísmo al cantar, mirar al cielo o regocijarme con la luz del sol. Nuestros sueños y creencias nos hacen más vulnerables que nunca,: pero de alguna manera el humano ha de seguir viviendo para seguir moviendo el mundo, para que avance. En nombre de los que ya no pueden o a los que no se les permite hacerlo.

He tenido el privilegio de haber visto pasar, lentamente, primaveras, veranos, otoños e inviernos. Algunas tardes pienso en mi hogar, en las plazas, los tejados, las carreteras que se hacen interminables y rectas, y mueren en medio de la nada. Debo admitir que algunos días, nuestros esfuerzos parecen tan ridículos y sin sentido como una lluvia torrencial cayendo al mar. No obstante, me siento muy afortunada de estar viva, deseos y batallas incluidas.

Tal vez las cosas que anhelo no existan, pero sin duda debo averiguarlo. No perseguir nuestras pasiones y lo que nos da sentido es como caminar por una línea ofensivamente cercana a la locura. Ojalá pudiéramos ser conscientes de nuestra espléndida originalidad y fragilidad como individuos: porque llegará el momento en que nos arrojemos ciegamente al suelo y desaparezcamos una vez más en la tierra, estúpidamente y para siempre (?) Este siglo apenas nos da tiempo a respirar mientras nos envuelve. Cada minuto del ser debe entonces encarnar una fortaleza contra él. Hay mucho trabajo al que deseo dedicarme con diligencia y rapidez, pero reservado el derecho a expandirme y desplegarme. Reservado el derecho a dudar. Reservado el derecho al detalle. Reservado el derecho al amor. Por eso quiero resistir el loco galope de nuestro tiempo. No hemos de sacrificar nuestros relojes interiores en nombre de este sueño febril que vivimos colectivamente.

Como escribió Albert Camus, tal vez la única manera de hacer frente a un mundo tan poco libre sea volviéndonos tan absolutamente libres que nuestra propia existencia sea un acto de rebelión. Hay mucho valor en la gente común como nosotros: porque la gente es todo lo que somos.

Ser humano y vagar por todo lo que ello conlleva puede ser uno de los mayores retos (¡y regalos!) que tenemos. Es exaltante encontrarse con personas con las que se puede tener una sensación de lucidez e incluso unos instantes de ver a través del humo. Si debemos gobernar lo misterioso, al menos deberíamos dejar que crezcan flores entre las páginas. Ir más allá de los límites de nuestro lenguaje que han ido delineando los límites de nuestro mundo. Interesarnos por las notas a pie de página. Escribir sobre los bordes que nadie mira/que nadie quiere. Los tiempos que vivimos son desconcertantes y, para muchos, injustos y descorazonadores.

Y, sin embargo, hay esperanza. Una vez más, hay una extraña sensación de deleite al seguir la escalera de caracol hacia la luz de la mente: fría y planetaria. Es aún mejor hacerlo acompañado. Los recuerdos del pasado son caprichosos y el futuro es pronto y extraño, pero preveo que navegar hacia nuevas costas renovará nuestras fuerzas.

Lector, te deseo la mejor de las suertes y alegrías para tu día a día y tus proyectos. Deseo que a su debido tiempo obtengas todo lo que anhelas y recorras los caminos que sientas necesarios.

Que siempre atesores tu gracia. Que tengas cierta energía en tu paso, algo de luz en tu hablar, vigor en tu mirada. Que siempre encuentres la clave, recuerdes lo que importa y descifres lo que aún está por saber. Que el esplendor y el asombro de vivir nunca abandonen tu hogar. Estar vivo es el mayor (¿al azar?) de los absurdos y hemos de aprovecharlo al máximo.

El futuro comienza ahora. Pongámonos a ello.

HISTORIA DEL ALAMBRE

Tengo miedo de mirar por el ojo de la cerradura
por si veo algo que pueda asustarme

estamos a la caza de respuestas
maquillando la elástica acrobacia del corazón
caminando por las calles bajo cielos atómicos
dejemos que nuestra alegría dure *sólo un poco más*

la fealdad está en todas partes estos días
y también la belleza
quédate a mi lado
déjame disfrutar
de ser humana
sólo un poco más

mi hambre lunática que todo lo abarca
el temblor de mi alambre
no podía soportar mi propio yo
al subir a ese taxi a las 4 de la mañana

todos queremos el reino
ni una sola lágrima
no, yo no
pero sin ángeles en él

manos cálidas y suaves como un cisne
prométeme, prométeme que donde quiera que vayas, irás
en busca de la verdad

en busca de dientes de león.

NOVEMBER TRUISMS

Me intereso por la complejidad del mundo para escapar de mi propia simplicidad - la topografía del lugar me hace querer (...) - tan fácil como sea posible, tan complejo como sea necesario - baja la pistola, al menos por esta noche. gobierna lo desconocido, deja que las flores crezcan entre las vías – he estado obsesionada con ello desde su descubrimiento - para darte cuenta debes haber estado mirando - nuestra ingenuidad fue nuestro único crimen - las cosas que escondo no se pueden ver - a veces saco cosas de la caja de los recuerdos y me permito sentir un poco - conozco la añoranza, pero no la satisfacción - no quiero ser víctima de una encuesta - no me reconstruirán. la vida no es una ciencia. me está permitida la subjetividad. no olvides lo poético - estoy loca por él, me gustaría conservar una copia suya para inspeccionarla más adelante - está lloviendo y tengo la ventana abierta para poder oír al mundo de luto - me gustaría poder hacer belleza con el lenguaje - los jóvenes parecen cada vez más jóvenes y los viejos más viejos - los hilos que han tejido los tapices del tiempo nos alejan de nuestra verdadera esencia - por fuera parecemos humanos, por dentro somos otra cosa - no pierdas la perspectiva. sal y habla con la gente - me interesan las notas a pie de página - no creo que la mayoría de la gente esté interesada en nuestros asuntos privados y deberíamos desconfiar de los que sí lo están - últimamente ya no sé para quién escribo - rastrear los bordes que nadie quiere/ nadie está mirando - las escrituras se olvidaron de nosotros - la búsqueda de la amorosa disciplina/verdad fundamental - y la guerra estalló y duró tanto que nadie recordó por qué empezó - por favor, bórrame del mapa - eres tan perfecto/no me interesas nada - hay que escribir mucho para tropezar con la verdad - crea pasión donde estás en vez de buscar en otra parte - al deseo no le importa. seguirá con otro nombre y otra cara - ¿amas a un país o amas a sus gentes? - me siento dislocada del mundo - me he arrojado - hay un par de pájaros y me miran como si supieran algo que yo no sé - el lunes me sentía sola, absorta por la horrible belleza de la vida mundana - me siento agradecida por el hecho de poder caminar y mirar los árboles - no quiero nada que no tenga y por eso estoy en paz - he tenido que rehacer la mitad de mis ideas acerca del mundo y eso es lo que me ha hecho progresar - si no fuera tan adicta a mis pensamientos sería libre - somos personas muy aterrorizadas y muy valientes a la vez - producimos temporalidades que nadie entiende – ardes por algo hasta que te extingues - supongo que tengo miedo de lo que puedo hacer sin disciplina - me gustaría tomar el té en el Sahara contigo - todas mis amigas me hablan. ¿es amor lo que siento? - bajo estas piedras, en estos campos de este país. todos recordamos lo que pasó, ¿no? soy demasiado joven para entenderlo - ¿sería yo el tipo de mujer que querrías? - si tiras algo por la ventana puede que nunca vuelva - el tiempo y el escenario lo cambian todo, vivo en una melodía acelerada - tengo demasiadas voces que citar, no oigo la mía - siempre tendré el mañana, sí, siempre tendré Madrid - sólo soy una aburrida corresponsal arreglando unos archivos - una arraigada sensación de falta de sentido: Dios como un *Hintergedanke* - cruzó el césped resplandeciente, como una pantera en la nieve - ¿Cómo podemos aburrirnos de un mundo que ni siquiera hemos estudiado bien? - be tender with me, for we have waited for so long - la vida ha ganado en incertidumbre, pero también en fascinante posibilidad. - podrías decir que prefieres estar solo y, entonces, una tarde, quieres llamar por teléfono a un amigo. tal vez sientes que has traicionado tus ideales - no entiendo lo que me infecta, sólo sé que lo hace.

EL JARDÍN DE LAS DELICIAS

Ayer por la tarde
naturaleza muerta
frutas
bajo la luz
el zumbido de una abeja
y nosotros; enamorados, enredados
viviendo juntos en silencio
como dos plantas
con sus raíces entrelazadas.

Y estoy enterrada bajo la tierra y el agua
y ayer te abracé y les pedí a todos los de arriba
tomadlo, tomad esto, esperaré
me lo llevaré a la tumba.

Aunque esté enterrada bajo hojas y carmesíes
las semillas del amor permanecen

porque mis raíces llegan hasta el fondo
hasta el centro de la tierra
y conoces mi boca como conoces
la palma de tu mano
                el viento o la lluvia.

Porque estamos hechos de tierra y agua
y estoy enterrada y
mi amor
me entierro contigo.

LUZ DE AGOSTO

Te construyen y luego te derriban
para levantar a otra
mujer de cristal

¿a quién quiero engañar?
el mundo está lleno de gente hambrienta
yo estoy dormida y me lo guardo todo

si eres como yo
¿acaso no te come el corazón por dentro?
Me he buscado una vida sin herencia ni memoria
me voy a ir
me voy a ir
                lejos donde nunca seré conocida

los sentimientos son un asunto sucio porque se pegan
a este mundo no le queda ni rastro de humanidad
llévame a algún lugar
algún lugar
donde nunca más me conozcan

si prometes la absolución la gente esperará siglos por ella
agua verde en mis venas
agua verde que me duerme
lo das todo
todo
hasta que te quedas sin nada

hold and release
me tumbé en la cama y me quedé paralizada
pero estoy viva y estoy bien
¿a quién se lo digo?
¿a quién debo llamar?

esta es la anatomo-política del cuerpo humano
este es el verano sin hombres
mi piel
mi piel
anhelando / como yo lo hago

más allá de la sofisticación del deseo
pronto vendrán las segadoras
y el mundo no
no será
no será el mismo

la nómada, una mujer,
solitaria por disposición
dulcemente herida por defecto
dispuesta una vez más a sentarse y pensar y mirar fijamente
con la mirada vacía en una plaza vacía.

EL ADAGIO DE LA VEJEZ

La mejor armadura de la vejez es una vida bien vivida.
CICERÓN

Mi abuela alemana tenía noventa y cuatro años
cuando hizo las maletas y se llevó toda su ropa
cuando se mudó de la pequeña casa enlutada, tan gris,
-a algún elegante y sabio *quartier*
donde guardar todas sus teteras, con algún nombre en latín-.
y vacía se ha quedado.

Ahora me he hecho mayor, ya no soy una niña alegre,
más bien una mujer, con el ceño fruncido.
Y así he perdido toda la ternura y la luz
y las he guardado en una caja con un lazo.

Cartón y cinta adhesiva han empaquetado
los años de mi infancia que tanto apreciaba.

Y así ha llegado el tiempo y el tiempo ha pasado,
y así seguirá adelante
y los pájaros junto a la ventana de mi abuela
seguirán cantando la misma canción

hasta que me deshaga
hasta que yo ya no sea nadie.

AVALON

Hay días en los que *todo es poesía*.
Hay cosas que aún no quiero
afrontar.
Como dirían los poetas,
nuestras almas son iguales.

Caras del pasado me recuerdan a todo
lo que he abandonado.

Planté las semillas de las ideas hace unos años,
no estoy segura de cuándo van a germinar
pero tengo la certeza de que lo harán.

ANNO SALUTIS

I'm on my knees,
toes finding a cool prayer,
beneath them, fingers pressing
sea foam to my temples. – Brenda Cárdenas

Sus brazos, abiertos como una generación,
la distancia en mis ojos.
(Y yo temía su engaño,
porque conocía demasiado bien el mío).

Como el estar sentado frente al televisor,
pero sin comprender nada,
una vez que el hilo del amor se ha desatado,
 no se puede volver a tensar-

Hoy mi ciudad parece de cartón:
nada parece haber cambiado. La carta que me dio miedo abrir,
o que he leído demasiadas veces.

Hay un fuego en medio del asfalto:
mi futuro está escrito sobre mi pasado. Pero
algún día las malas hierbas morirán
        para dejar paso a mis flores.□

Sin promesas//ni mentiras; las horas contadas,
¿y qué si todas mis fantasías vuelven?
¿y qué si te destierro al olvido?
considéralo la pista del siglo

ahora he de elegir mis confesiones -
y tu cara me ha perseguido bajo cada cielo,
en cada latitud,
    y sobre cada línea.

Ojalá pudiera
pensarte un poco menos,
dejarte en un rincón. Me arrastran las fronteras,
tan cerca y tan lejos, un verse y no verse,
tan jóvenes y tan viejos.

Mi colección de ciudades, las soledades
que escribo porque me sobran.
Pisando el acelerador
mirando en el retrovisor
el semáforo de los miedos
    ya sabes dónde estoy, si me llamas yo voy.

Nunca dejé de escribir(te)

Y así pasan los días que me fueron entregados sobre esta tierra;
tierra donde nunca perdieron su magia esos
labios de plata y acero

inolvidable.

EL DILUVIO

La lluvia no paraba de irrumpir en mi sueño
mojando el tejido de mis pensamientos

y cuando la vida escuece no me importa
porque cuando lo hace me siento bien

todavía no estoy preparada
y si miras/ miras a través de mí
y cuando hablas/ hablas sobre mí
y si nos tocamos / podría arder hasta los cimientos

en mi sueño / sigo recordando mi vida
cuando pensé que produciría algo nuevo
no hay dolor en mí
no hay juegos
dame algo que pueda usar
una caja llena de tus pensamientos
un cuaderno sobre cine
sigo esperando
para transformarme en otra cosa
ser sueño / soñar de nuevo

mi corazón es un espejo roto/ en él no hay un rostro
sino una multitud de desaparecidos
me hundo en el interminable mar de narcisos
no por tristeza sino por
        anhelo

llevo una agenda llena de incidentes
es el latido del corazón roto
pero se siente como. A.M.O.R.
esta pena no tiene nombre
no puede ahogarse
no tiene dirección, ni corriente natural
ardo en sueños

nunca he visto gente con tantas preguntas
nunca he visto gente con los ojos tan abiertos
nunca he visto gente
   llevados a los puntos de la brújula, fuera, río de cuatro vías
 fuera, fuera, fuera, lejos

como nadar en aguas abiertas
listo para ser herido por lo que sea que te encuentres

intentando con todas tus fuerzas
separar/distinguir las piedras
   de los diamantes
   en
      tu
        mente ...
si lo mejor que tienes no es suficiente
pienso en todos mis sueños
en lo rápido que han sido descartados en la estela de algo
   nuevo
ahora puedo ver
he estado ciega
he estado ciega

me desperté
olvidada
con mal de mar
con mi mejor camiseta
porque todas las demás están mojadas
necesitando un corte de pelo

un intermedio ha inclinado el eje
perturbado la superestructura cosmológica de mi mente
fronteras/conceptos son los que nos unen
flotando
orbitando
destellando
entre toda la basura espacial
que compone cada rincón
de nuestros cielos

pero puedo sentir que pronto llegará el día
cuando el maremoto de mi mente venga
por los canales de mi memoria
los canales de mi persona
 para limpiarlo todo
 para llevárselo todo
to wash it all
    away

ANÁLISIS PÓSTUMO DE UNA PIEDRA

La duda es crónica
a los veintiuno no estaba perdida
esperando a que tú volvieras.

Como la gente que vuelve a casa de la calle
volando sobre avenidas de necesidad
montados en tranvías del deseo
devastada y hambrienta en una bonita noche de abril.

Me encanta el anillo que me regalaste
lo llevo casi todos los días
sola y anhelante
ahora sí
ahora que puedo dormir entre flores
por fin

lejos y
arriba, arriba, arriba

INVISIBLE SUN

tantos sueños que tenemos
tantas medidas que tomamos
para garantizar el correcto desarrollo de los niños

wandering I wonder
me pregunto qué es
lo que realmente quiero

ministros se casan con sus secretarias
mientras yo masco chicle
en la era de la información suben bombas
en mi casa se dan
encuentros paranormales que escapan a la razón
dicen que la juventud es la época más bella
¿cómo hemos llegado a construir cosas tan complejas?

y llevo mi bandera con la tristeza
del actante* anómalo
Fin y racionalidad de los sistemas
la herida original nunca sanó

and our grandparents are wilting in front of the TV
while we steal the dreams of others through poetry

y ver que, *vivir*,
lo contrario de morir(se)

---

*   Véase la teoría del actor-red de Bruno Latour.

a veces significa sobrevivir
intentar encenderse, sentir

súbitamente entendí
que cambiar el capítulo, cambiar el libro
que el amor, *el ser querido,*
no es suficiente
(for the time we had/ I don't want to be/a page in your diary)

saber demasiado acerca del mundo dificulta la construcción de
   un lenguaje simple de la resistencia
we cannot know the absolute
pero de alguna manera el actor también ha de seguir viviendo
para mover el mundo, el mundo

¿QUÉ SERÁ?

Cuando no estamos, nuestros apartamentos están (pero inmóviles).
Si las tumbas son demasiado profundas
y las trincheras demasiado grandes,
las víctimas lo serán siempre.

No hay armisticio
no hay armisticio
para la madre que entrega/entierra a su hijo.

Me he prohibido amar(te)
más que a ratos.
Y querré como quieren los pájaros de paso.
Es fácil ser parte de la audiencia.
He sido bien entrenada y disciplinada
encontraré a mi verdugo y a mis víctimas.

Aquí me llaman Frau Wolff porque soy hija de mi padre.
Aquí hay una iglesia en medio del hospital.
Aquí oscurece pronto, charlo con una mujer frente al
    supermercado,
        pasan las ambulancias.
(Un lugar de poca fe).

Pero no olvides, no olvidéis
que la lechuza de minerva
    siempre vuelve.

IV

Una persona no puede
abandonar su propio cuerpo.

El pasado está impregnado de melancolía,
pero el mañana es juego limpio.

You cannot unlearn language
there it will be, hammering in your head.

Un escritor no puede abandonar el lenguaje. Tenemos
    que movernos dentro de nuestros confines, aunque sea
    intolerable -imposible, a veces- habitarlos.

WALTZ DE MEDIANOCHE

Me desperté con esta
canción
que había venido de años atrás a buscarme.
Demasiada humedad. Hay tantas aguas que fluyen aquí
déjame habitar este espacio.
Tengo esta
herida. Este corte. Está abierta, dolorida,
brillante y reciente.
Vi la luna desde mi ventana abierta.
Vi la luna desde mi pequeña habitación,
y el deseo más extraño se apoderó de mí.

Pena,
un dolor compartido. Ser desgarrado para que haya
algo que recomponer.
Córtame,
soy tu flor.

HACIA EL AZUL

mi felicidad
no se siente tan fuera de lugar
contigo

estos caminos
no me reconozco
planeta dormido

al final, al final
todo el mundo llega alguna vez
yo estaba tan cerca
no lo sabía
si lo hubiera sabido

me inunda, no me defiendo
azul en azul, floto
Anfitrite

a ningún lugar quiero volver
a nadie más
                          noches/ Nächte
la sensación
sin aliento
no más rodeos
no más mirar hacia otro lado
satélite

no más anhelo interminable
que la vida
ser
estar en azul
contigo
subir / la marea
en ninguna parte, en algún lugar, aquí, ahora mismo

la marea de tu luz fluye
a través de las cámaras de mi corazón
los rincones de mi persona
para hacerme florecer
para hacerme ver
para hacerme libre

más cerca, más cerca
y arriba, arriba, arriba

CONTACTO VISUAL

Y entonces
Tú
Sonreíste.

UNA ESTRELLA

déjame escribir las palabras que mis labios no pueden decir
se desvanecen

una estrella
fuera de mi alcance
tan lejos
eso es lo que eres

DOMINGO

Dicen que Dios creó este mundo en siete días
por eso las cosas más horribles suceden en domingo,
porque Dios descansa.

Yo soy humana y necesito
    seguir moviéndome como
todos los demás.
¿He hecho algo mal?

A veces las vidas que elegimos duelen,

     duelen como zapatos nuevos. Yo solía ser un pájaro
tan aterradoramente libre
que siempre me iba
buscando todo tipo de nuevas jaulas y
...cadenas... y brillantes promesas.

Pero ya no deseo eso. He
 esperado demasiado y toda mi
   esperanza
(esa cosa con plumas que se posa en el alma
   y sigue cantando sin parar)*
ha desaparecido.

Prometí darlo todo,
pero sólo pude dar lo que tenía.

*   Del poema "Hope" de Emily Dickinson.

Qué hermoso es despertar con estos ojos
que abarcan todo el mundo. Qué hermoso es

no tener que enredarse más en la oscuridad.

Porque los pájaros no pueden ser enjaulados, pertenecen a los cielos
y su amor es demasiado grande para guardarlo
bien doblado
en la esquina de una carta amarilla. Deseo enjugar las lágrimas de
mis ojos entristecidos y salir al exterior.

NIGHT BAR

night bar
él y ella
con sus propios héroes
en el bar nocturno

IV

¿Nos movemos hacia un futuro triste? ¿Nos movemos hacia un
    cierto lugar, un cierto tiempo,
una vida llena de cosas *que no deseamos*?

Hoy no lo sé. Tampoco lo sabía entonces.
Sin embargo, no hay nada que no pueda repararse, nada que
    no se haya roto antes.

El camino de *aquí* a *allá* -sea el pueblo, el amante, la iglesia
no es traducible. Mi imaginación también tiene límites.
    En algún momento de la vida, aprendes a leer a la gente
    por la forma en que sostienen sus cartas (yo nunca se lo dije,
    y él nunca me lo *preguntó*...)

Soy esclava

de mi orgullo
pega un portazo
        en mitad de todas mis conversaciones inacabadas.

Si vivo para ver las siete maravillas de este mundo
    tal vez adquiera la pasión
del historiador al recoger un libro lleno de polvo,
del antropólogo cuando examina un hueso de piedra
    erosionado en el Karoo,
quizás la delicadeza del sociólogo cuando escucha a través de
    una puerta cerrada, del político
al que el periódico le hace llorar, sea lo que sea

tal vez
por un acuerdo silencioso, vestidos con nuestros rostros severos
hemos decidido
cuidarnos los unos a los otros
en este mundo

quizás, quizás impulsados más por el afecto y la ternura que
por una pasión irrefrenable
(él nunca preguntó
porque *yo nunca se lo dije*)
hemos decidido no esperar en los pasillos de los juicios
solos.

Porque la condición del hombre es trágica; su existencia misma
le deja la elección
de la amarga vacuidad del éxito y la gloria
o la vergüenza de vivir en un cuerpo cuyo funcionamiento es
distante, maquinal, absurdo.

Sin embargo, las cosas no son siempre lo que parecen. Me he
dado cuenta de que la exploración de una tierra (lengua,
alma) puede aportar iluminación.

Hay que observar de cerca a los humanos para entenderlos.
Detrás de **cada puerta cerrada** puede haber una nueva
faceta aún no descubierta.

TIEMPOS DIFÍCILES

Hay dos "R"
en escritora.
Una representa resistencia,
la otra,
revolución.

QUE SE LEA

¿De verdad tenemos que escribir solamente acerca de nuestro
   tiempo?
Yo llevo mi carga. Lo que el individuo cree es importante;
pero no tengo más que papel y bolígrafo.
Por un lado, tenemos ideas normativas, luego los sistemas
fraccionales de la política, la medicina, la ciencia... La sociología
se ocupa de cómo operan las interacciones. Al otro frente
tenemos lo poético, la preocupación por los deseos de los
humanos, la literatura, la filosofía, las artes...
Ojalá encontrase respuestas.
Mis axiomas:

   (1) A través del arte viajamos.

   (2) Quiero vivir en mi propia tierra, con mi propia historia.

   (3) Sólo recordando podemos seguir adelante.

   (4) Ya no soy vulnerable.

Hay tantas teorías sobre la vida y la guerra, los medios de
comunicación, los sistemas autopoiéticos, los fundamentos
morales, la violencia... La humanidad es difícil de descifrar.
No tenemos x e y. Tenemos lo abstracto y lo ontológico, lo
constructivista, lo realista, lo nihilista, lo antinatalista, el
utilitarismo, el bello aspecto de sub-aeternitatis...

(5) Envejeceremos, sí, ¡pero hay más cosas que la belleza de la juventud!

(6) Puede que no haya sido como yo pensaba que debía ser; pero es como debe ser.

(7) En el arte todos somos iguales.

(8) Mi cabeza habla en símbolos de alfabetos que aún no comprendo.

(9) Hay un sol sobre el mar dentro de mí.

Todavía tenemos que hablar de las cosas, aunque estén pasadas de moda. Necesitamos dar voz a las personas. El amor por la civilización es algo más que una mera frase: es el estudio de sus gentes, de su historia, de sus lenguas muertas y modernas, de sus gobiernos, es el estudio de las pasiones y pecados de la humanidad.

(10) Los días parecen increíblemente tranquilos cuando uno se levanta temprano.

(11) Soy afortunada: hay un par de personas con las que me llevo *realmente* bien.

(12) No hay ciencia sobre la vida que pueda compararse a la vida misma.

(13) Y después de toda confusión y duda, no estoy cambiando, simplemente me estoy convirtiendo más *en mí misma*.

¿QUÉ ES MAYO?

Mi abuelo en silla de ruedas
finales de mayo
a mi burrito le dieron de comer belladona
para que se fuera
zumbando en los parterres

what is May?
what is May anyway?

DE TODAS LAS COSAS QUE NO SOY

No estoy luchando por mi pedazo de tierra en Eritrea.
Mi hija de cuatro años no fue secuestrada en Tegina. No soy
    iraní-estadounidense. No estudio en la Universidad Butler,
No he ganado un premio Pulitzer. No me han publicado
    poemas en el NY times,
no me han diagnosticado cáncer de ovario, no se ha extendido
    hacia mi pelvis, mi abdomen, de hecho(...)

Aún no sé cómo expresar mi estupefacción.
Les prometí respuestas,
pero no puedo separarme de los símbolos de mi cultura.

Sin embargo, hay algo que soy:
estoy en el estudio. Aprendiendo a leer,
aprendiendo a transcribir,
aprendiendo a reflexionar,
Ave María
aprendiendo a escribir.

PLUTO/MARTE

A mis ojos soy la más cruel;
ignora las señales
y te estrellarás.

Tengo memorias de cosas que no puedo recordar.
Déjame rumiar en mi densidad. Alguien, muy lejos, allá afuera,
debe estar riéndose de mí.

Y como dijo Brecht: así pasaron los días que nos dieron en esta tierra,
sin nada memorable que escribir

y nada digno de mención esperándonos al final.

X

Si sólo te preocupan las cosas que pertenecen a tu tiempo
ahí es donde serás recordado, y ahí es donde te quedarás.

Mi prosa
se distrae brevemente por la tristeza.

Todo está en mi vibración. Me abro como un capullo de flor.
   Necesitamos gráficos y números, pero yo no vivo para ser
   una máquina. Vivo para los colores, vivo para el verso.

No hay nada como volver.

ESTE DOLOR ES SISTÉMICO

Me tiembla el ojo y siento
la necesidad de masticar chicle
"debo de haber tomado demasiado café".

Al salir a la calle
si miras hacia arriba ya puedes ver
los pájaros en una perfecta Δ formación triangular.
(*Acelero el paso*) inquietante.

Doctor ayúdeme ayúdeme ayúdeme por favor doctor tengo
    este siglo loco
enrollado alrededor de mi cuello
Debo escribir rápido ¿me entiende?

Caminando, me encuentro rodeada de personas.
En los baños el espejo me devuelve la mirada (¡ya he pedido
    mis deseos de Navidad!)
el espejo me devuelve la mirada ¡Veo alienación total!
                        ¡ignorancia!
                     ¡intolerancia!
            ¡falta de empatía! ayúdame nunca he sido tan fea
                            ayúdame nunca he sido tan fea
        (da bastante miedo)

Mi ojo se tuerce de nuevo. Necesito *relajarme*. Me siento.
    Cruzo las piernas
    hoy todo es cuestión de controles y equilibrios.   Las vuelvo a
    descruzar. Bahía de los cerdos.

                              profesor puede entrevistar
        fight or flight

                           profesor ¿puede entrevistar
            el terror que hay en mí?

Ya es *casi* invierno. ❀

NARRATIVA/DESCRIPCIÓN

La luz en España
no es la luz de Vietnam.
La luz de Afganistán
no es la luz de Verdún.

No estoy perdida.
¿Qué más da a dónde vaya?
 Estudia el pelo negro, negro y largo - - - de ese hombre.
Anota los ojos negros, negros, negros de
 mi verdadero amor. [Insertar nota]

Describe el precio que hemos tenido que pagar, describe mis
 recuerdos, describe mi felonía-
mis sentimientos/falta de ellos, su sonrisa reflejada en la corriente
 del río.
Pocas cosas son tan insoportablemente dolorosas para el alma
 humana como un sentimiento constante, y sólo selectivamente
 interrumpido, de miseria y alienación.
¿Cómo puedo estar cansada si llevo durmiendo toda la mañana?
¿Cuánto falta para que termine de esconderme del mundo
 exterior?
Sólo como una vez al día,
y como no puedo recoger flores, he empezado a recoger/tirar
 piedras.

Si tienes que decir algo
al menos hazlo relevante, haz que valga la pena,
aunque tu mundo privado se esté desmoronando.

He perdido mi lengua.
Perdí mi lengua hace mucho tiempo,
No tengo lengua materna.
Y la naturalidad de mis reacciones, la autenticidad de mis
    sentimientos
        ha desaparecido.

El que necesita un arma para mostrar sus razones
las ha perdido.
/Un país joven que crecía y, al mismo tiempo, venía de una época
    terrible y oscura/
No me importaría olvidar mi nombre, pero odiaría olvidar el tuyo:
mi querida *España*.

EARLY MORNING RIOT (LATE APOLOGIES)

Mañana de febrero en Düsseldorf:

Nunca he visto gente con *tantas preguntas.*
    Llevada a los puntos cardinales, fuera, río de cuatro aguas. ¿Debo
    dudar de mí misma? ¿Estoy perdiendo terreno?
Cuanto más vives, más amas. (O eso dicen)
La vida. La vida puede tropezar y desmoronarse como la más cruel
    de las bromas.
No hay nada en la televisión. Nada en la radio
que signifique demasiado
para mí.
Nada en lo que podamos creer.

Dejarse ir después de un largo viaje. Eso es todo lo que hacemos.
    Palabras, palabras, palabras,
palabras sin sentido era todo lo que podíamos usar (!)
Los ojos que sólo miran, y la mirada al reloj
y mi secreto que arde, y la espera que no se detiene.
    He confesado/pero aún siento el dolor.
¡Qué desgracia! Tener que sentir todo el peso de la existencia esta
    noche.

Quisiera entregarme a la tranquilizadora inmensidad de las olas,
pues la crónica de mi vida no es, por desgracia, una historia de
    victoria definitiva.
Nuestra alegría está siempre amenazada: el bacilo del mal nunca
    muere del todo. Espera pacientemente.
La muerte nos enviará a apoderarnos de lo fundamental de la
    naturaleza humana:

¡una absurda vulnerabilidad que no recordamos!
Un solo acontecimiento que, de repente, podría hacer que
   nuestras vidas carecieran de sentido.

Por eso, para examinar nuestras vidas
                    /la vida no examinada no merece la pena ser
   vivida-Sócrates/
debemos ser reflexivos más que heroicos, debemos
   inspirar preguntas, no dar respuestas.

Existir para crear y regenerar, en lugar de *acumular, multiplicar
   y consumir.*
Nuestro universo no es moral. No está diseñado. El sufrimiento
   no está distribuido al azar.
(No) hay progreso en la historia.
(No) hay escapatoria de nuestra estupidez. No estamos más
   lejos de la muerte.
Estar vivo *siempre* será una emergencia.

ES DIFÍCIL SER HUMANO

Es difícil ser humano cuando hay un lagarto en tu cabeza.
Cuando
de repente sentimos
las fuerzas que no debemos ignorar. ¡Madre! Estoy pensando en
ello ahora. Pero ahora es demasiado tarde.
Si no puedo comer // entonces no puedo dormir y si no puedo
dormir // entonces no puedo pensar y si no puedo
pensar // no puedo escribir // y si no puedo escribir
no puedo vivir.

Toda la noche pienso en mi casa. En la lluvia sobre los tejados y en
las interminables carreteras
que siempre son rectas y mueren en el medio de la nada.
Lo he dicho antes y lo diré otra vez:
◊ Es difícil ser mujer cuando hay un reptil en tu cabeza.
◊ Alguien está devolviendo mis cartas.
◊ Es curioso porque no tenía percepción de vivir sin dolor.
◊ Cuando tienes un secreto, los demás pueden sentirlo. La gente se
sienta un poco más cerca.
El miedo ya no me sirve de nada.
En esta casa hay cosas. Mi abuela vivía en esta casa cuando mi
madre
vivía en ella.
¿Y dormir, dices?
¡Dormiré cuando esté muerta!

Tenía un tono gris horrible, como la gente cuando está enferma.
No puedes tenerlo todo como y cuando quieras. Vivir una vida

completamente desprovista de responsabilidad. Es algo que
yo no puedo hacer.
Pero esta tierra de alguna manera cumple esa fantasía // Es sentarse en un
tren poco iluminado, todo el mundo
con sus abrigos de invierno y sus maletas. Es silencioso, es un país
silencioso,
es un país grande en el que podría simplemente desaparecer y nadie
sabría dónde estoy.
Podría dejarme envolver por la oscuridad, el silencio y el frío, viviendo mi
vida más deliciosa y fantástica, lejos de los ojos de todo el mundo. Es un
país que
podría aprender a amar, un país que muerde, un país de libertad
ilimitada y
anonimato, un país que habla un idioma que ¡aún! no entiendo.
And when I said that I loved you I meant that I'd love you forever.
Forastero en tierra extraña: eres un amigo hecho enemigo. Me gusta
cómo te
detienes a mirar. No todo el mundo se para a mirar hoy en día. ¡Entra o
aléjate!
Pero no te quedes ahí en la puerta // Y entonces llegó el día en que pude
decir que sí,
soy feliz con lo que hago y es significativo para mí. ¿Sabes? Todo el
mundo puede decir
que has caminado por los largos senderos de la vida.
Estabas tan solo como podía estarlo, pero no te sentías triste. (El viejo
sabe cuando el viejo
muere).
¿Lo ves? La vida es //
La vida es //
la promesa del futuro es la modernización.

Hay mucha arrogancia en la juventud, y algo de dolor en ser
    viejo. Una nación patriótica
que sueña con escapar es en lo que estoy pensando. ¿Puedes
    equivocarte y perder
tu destino?
Cuanto más caminas
con los zapatos equivocados
más heridas tendrás que curar.
Dicen que el poeta hace uso de la intuición, esa forma rara pero
    de feroz
inteligencia. Pero yo no tengo el ingenio ni las palabras para
    escribir la poesía que me gustaría.

Cuando todo está a punto de ser destruido,
la única
solución
es poética.
El lenguaje me pesa como un
a-bri-go. Pero tengo derecho a amar lo que es bello. De todos
    los placeres de la vida, la soledad era la más placentera e
    implacable.
El que parte es el que pregunta.
Odio estas piedras. Odio estas piedras tanto como las amo. Está
    claro para mí que
no sabes nada de la vida, porque nunca has hablado con una
    piedra.
¡Que alguien se las lleve! ¡Antes eran pájaros!

*Radio: Dicen que el cóctel Manhattan fue mezclado por primera vez por
    el Dr. Iain Marshall a principios de 1880 para una fiesta de Lady
    Randolph Churchill, la madre de Winston*

Churchill. La supuesta explicación detrás del nombre de la bebida es
*   porque esta fiesta*
se celebró en el Manhattan Club de Nueva York. Más tarde, esta teoría
*   se declaró*
mito porque, en aquella época, Lady Randolph Churchill estaba
*   embarazada y se encontraba en Inglaterra, y no de fiesta en Nueva*
*   York.*

«¿Me quieres?» - Un thriller de género. Decía el anuncio.

Escuchamos historias. Vemos obras de gente
que podríamos ser, seremos, fuimos, y nos emocionamos.
Tengo miedo de que la tecnología me deje atrás. Dicen que
   podemos oír los colores en
Kandinsky. (El blanco es silencio)
TE DOY MIS OJOS, patrón de los ciegos.
¿Cuál es el significado del dolor?
El dolor está en los ojos que se desvían.
El dolor en sí mismo no tiene significado. El dolor es un
   mensaje.
Las cicatrices que conocí eran algo con una historia.
Las cicatrices que solía llevar eran sólo un placer para mí.
Pero estas cosas que llevo ahora, no las reconozco. Son extrañas
   incluso para ellas mismas.

TROZOS DE PERIÓDICO

me estoy bañando en la
confusión más profunda
sé que te vas así que... todos decían que me querían pero
tantos apegos y
cómo duele estoy
tan perdida. papeles monográficos diciéndome cómo no
    contraer
una deuda como si fuera una enfermedad
de los tiempos modernos
seguramente estamos todos solos
la gente tiene miedo a morir
la gente tiene miedo a morir cuando ya está a punto de hacerlo
me dan el abecedario de un estudiante de medicina, he mirado
he mirado todos los cuadros, conozco todos los síntomas, ahí
    viene el diagnóstico;
sólo los tenemos por navidad
como si fueran un amor de verano
nada de sonrisas de boda para nosotros
no hay melodías pegadizas
y cuando pienses en mí, sí, cuando pienses en mí
(porque seguro que lo haces) porque sigo pensando en ti
no sientes nada, ¿verdad?
porque ya me has diseccionado no soy más que
un fresco montón de carne y huesos para que se lo des a los
    perros
para que se pudra
bien yo deseé hablar con usted en mi pequeño cuarto tan
    brillantemente como

un lagarto usted debe saber le pregunto ahora
¿qué es la ciencia? ¿su funcionamiento?
¿se ha pensado mucho en el inconsciente?
nos ayuda a entender
pero no a curar,
no me gusta este lugar he vendido mis escritos.
he vendido todos mis escritos somos
somos ratas
que fácil debe ser cuando las palomas se enamoran
pero cómo podrías (...) si tienes a alguien más en mente yo sé
en qué sigues pensando
yo sé
no puedes venir aquí y llamarme por teléfono
y llorarme no debes
sí, estuvo bien lo que hicimos.
y lo haría otra vez
lo pasamos bien---
y había un olor
como el de los

periódicos.
no podemos desaprender el lenguaje
ahí estará, martilleando en
tu cabeza
y ahora está ahí otra vez
pero luchamos contra la fiebre y no contra
la enfermedad.
qué extraño es por supuesto que pienso en ti
sabes, todos los días
quiero a mis padres, sí, quiero a mis políticos, necesito a mis
    oradores, a mis maestros necesito

antes de

ahogarme, sí, antes de que me restrinjan cualquier flujo
    de aire;

debo amarlos.

ellos nos hicieron amarlos.

luego se fueron.

nos han dejado solos en esta tierra amarga

los busco en los artículos de periódico

pero ya deben haberse ido

ellos ya se han ido.

OH, WHAT A BLISS IT WOULD BE

Sólo podemos trabajar cuando sabemos _exactamente_
sobre qué estamos hablando.

¡Oh, qué dicha sería!
Desaparecer en la más dulce soledad. Podría estar lejos. Podría
    volver a los Estados Unidos
vivir en la gran manzana,
escribir poemas por la noche
y artículos sobre el último premio Pulitzer (durante el día)
para el New York Times.

Me pintarían la cara de nuevo, nadie sabría mi nombre, ni de
    dónde vengo;
nadie sabría nada de la longitud de mi pelo, ni de la medida de
    mi paso

desaparecer, desaparecer, ¡qué dicha!

Viajar a Brasil, perderme en la selva amazónica,
nunca ser vista de nuevo, sólo para perder mi idioma
y ganar algo de conocimiento.

¿Conoces esa sensación? ¿Esa extraña sensación de ver cómo
    una vieja vida se desmorona poco a poco, mientras tú nunca
    llegas del todo a ninguna otra parte? Una sensación de
    añoranza constante, de alienación, ¡una sensación de no
    tener hogar en el mundo! Hay una buena solución para eso,
    amigo mío. Ser demasiado extranjero para aquí, demasiado
    extranjero para allá,

es, en realidad,
un regalo. Siempre que sople el viento, ¡sólo tienes que coger
   un cepillo de dientes y partir!
Al igual que volver a empezar, pertenecer es mayormente una
   cuestión de sentimiento.

¡Oh, qué dicha será! Estar de vuelta en Alemania,
para moverse en el nuevo mundo que prácticamente se ha
   construido
a mi alrededor.
Oh, ¡qué felicidad! Estar de vuelta en Alemania,
llena de caras conocidas y queridas.

Oh, ¡qué felicidad!
Visitar Londres, Manchester, Bristol, Berlín o París
   para aprender sobre geografías nocturnas y microsociología
tomar el sol en los jardines del conocimiento,
trabajar y viajar por todo este gran mundo.

No es ninguna tontería,
no es ninguna tontería.

Pero en cada vida caerá algo de lluvia:

a veces me siento como si estuviera culturalmente muerta,
artísticamente
   tan sorda como puede ser,
               pero también
  en los momentos en que me han sermoneado amablemente
sobre Giddens o Latour o Saadia Gaon o Aníbal Quijano,
   y estoy leyendo algo nuevo

y tranquilizador, decido

que seremos eternamente libres, sí, ¡y eternamente jóvenes!

que el futuro puede ser brillante
y que
será mejor trabajar duro, planear inteligentemente, y evitar
   mi tendencia

a la tragedia
   &
   cianuro.

ANOTACIONES

1. Siento en mí misma, y veo en otros a mi alrededor, una poderosa nostalgia de un tiempo en que la historia existía.
2. Sólo podemos trabajar cuando sabemos de qué estamos hablando.
3. La percepción de que un sistema es la única opción es mucho más fuerte que la fuerza bruta. La gente actúa según sus ideas del mundo. (Véase la obra de Cecilia Ridgeway, *Status*).
4. Sólo una conciencia puede tener una intención. Recuerdo perfectamente cuando mi cuerpo y yo nos separamos.
5. Intenté estar en sintonía, pero me mortifiqué. No exigiré nada a la fama, a la piedad, ningún sentimiento.
6. Destinos unidos, ¡he visto el aura amarilla del hombre mítico! Hablemos donde existimos.
7. Si no sabemos qué escribir, siempre podemos citar.
8. La historia social puede subsumirse en la naturaleza. Pensamos en ello [miembro] una vez que la hemos perdido.
9. *Sui generis* = algo propio. Orquestación de los rebaños. Masas atomizadas. Coalición ganadora mínimamente conectada. Transgredir espacio, tiempo y dialecto.
10. Escuelas de pensamiento. Teoría del conocimiento. Un discurso es para su público. Securitizing move. (Véanse las obras de Barry Buzan y Ole Wœver).
11. ¿He roto algo? ¿Todo tiene un precio? ¿Soy intercambiable? No elegimos esas cosas, pero nos hacen ser lo que somos. La modernidad no tiene cuerpo.

12. En la poesía, las entidades no vivas tienen un propósito. Cuerpo/Leib. ¿Quién tiene autoridad para decir qué es un hecho? Momento post empírico de la teoría.

13. Llevar la tristeza en los huesos. La pena como joya. Todo nos delata. ¿Qué nos retiene? Las normas y aspiraciones que nos atan. El cuerpo está en escena. Formamos y somos (re)formados.

14. La salud es algo que hay que producir. Las diferencias son pequeñas, pero me hacen ser yo. Las ciencias lejos del cuerpo. Leib emerge más allá de la enfermedad. Allí no hay "cuerpo".

15. La teoría sólo explica lo que mira. ¿Cuánto espacio ocupamos?

16. No iré donde no me quieran. Todo era erotismo; las calles, los cafés... déjame aprovechar tu dulzura y convertirla en brillo.

17. Todo se reduce a lo que hiciste.

18. Trabajar con una teoría es como tener unas tijeras. Siempre estás pensando en lo que puedes cortar con ellas.

19. El amor propio es la única manera. El amor propio es la protección definitiva.

20. Hermanos, hermanas, bajad las armas.

21. Me siento y pienso en ello todo el día. Leo mis libros. Pruebo la miel oscura de enero.

22. Tecnócratas del pensamiento, no de la información.

23. Tú y tus amigos corporativos make my brain go beep beep.

24. Nadie sabrá nada de tu mundo interior. ¿Y acaso no es un alivio?

25. Trabaja absolutamente todo en lo que a ti respecta.

26. El futuro está abierto y nuestro tiempo se está agotando.

27. Define las amenazas.

28. Lagunas de memoria democrática. Las políticas de la incertidumbre. Ruptura en la normalidad. Metáfora espacial.
29. Traduce tu mundo. Haz que te entiendan.
30. Enferma de amor.
31. Tenemos miedo al transitar los sistemas. El alivio social de la ansiedad. Escribe sobre tu método. Guía al lector, no des nada por sentado. Expone el trabajo substancial que has realizado.
32. Mirando hacia atrás me doy cuenta de que lo que tenía ante mí, lo que me esperaba, palidece en comparación con lo que yace dentro de mí, lo que me habita, lo que crece en mí.

BIBLIOTECAS

Pasillos
silenciosos. Almas
reflexivas,
un gran signo de interrogación.
Hay muchas lecturas que hacer.
Yo no elijo los libros que leo,
ellos me eligen a mí.

TORRES

Salgo a la ciudad los domingos,
tras la lluvia se desdibujan las líneas,
como en una novela de Kafka.

Tras las nubes se atisba un pedacito de cielo invernal,
seco y pálido.
Los adultos no entienden
que la belleza siempre es lo invisible,
dijo el principito.

Me gustaría decir que salgo a buscar una verdad,
una nueva filosofía,
una doctrina.
Pero en realidad salgo
a buscarte a ti
Om.

TIEMPO

Cuando callas
lleno tu silencio de golondrinas.

Tus pisadas rojas sobre la arena
azul, tu alma
tan antigua como en una roca
las huellas del mar.

Estoy buscando una cara
de antes de que el mundo naciera.
Las pestañas más negras, quizás,
los labios más rosados.

Guardo El Libro Rojo
en nuestra caja azul.
El amor no es un soneto,
pero la vida es un jardín.
Las rosas se marchitan y mueren,
el invierno no tiene fin.

Si pudiera hacer el mundo tan puro
como yo lo sueño,
te pondría en el cielo
y me iría a dormir.

Pero las cosas no son eternas.
Tiemblo ante tu belleza milenaria,
tensa, cual hilo de un arco.

Una belleza muy poco común
en estos tiempos*

* Adaptado de "No other Troy" de William Butler Yeats.

PASEO

Las luces volátiles
tras las hojas de los árboles
bailan como estrellas.
La luna me acompaña,
vuelo sobre
el camino del otoño;
en mis labios fuego
y en los ojos una tormenta.

El camino se bifurca,
tomo el de la izquierda.
Me envuelve la niebla,
las hojas se enfrían,
la luna queda muda.
Pienso en mi hogar y me vuelvo
gris.

Oigo cascabeles alegres.
Veo a un niño alado
saliendo de una casa,
brilla en el alba, plateado.
Me pregunto cómo serán los rostros
de los niños que aún no han nacido.
Los busco en el cielo,
¡quizás corran entre las nubes!

Cuando llegué a la orilla del río
me esperaba una obra magistral.

Las siluetas de las torres y castillos
oscuros
se recortan en la mañana.

A las márgenes del río
resplandecen los patitos,
y en el cielo morado
El paseo de Monet.

INSOMNIO

Suaves pisadas sobre
suelo de acebo,
castillos para dormir,
salvia,
espliego.

Recuerdo
todo lo que solíamos compartir,
te engañé
diciendo que
         funcionaría

(de alguna manera siempre supe que
te perdería).

MARTES, 10 DE DICIEMBRE DE 2024

Esperando en la calle vacía, viendo flotar ríos de niebla.
Sintiéndome melosa, recordando, la carta, Berlín.
Estrellas plateadas flotan en la noche. El placer intercambiable
de la conversación. La voluntad de sobrevivir, el apetito por
la vida misma. El más simple de todos los instintos, que no
exige nada más.
Estos días, en vez de respirar, parece que todo lo que hago es
tragar aire crudo. Quiero curar lo que hay dentro de mí. Sin
cesar vigilante de la persona en que me he convertido. ¿Qué
he hecho? Tomar la vida como es.

La lealtad es algo por lo que vives. He venido aquí para decir
que estoy (...). Lista por fin para entrar en el reino que
siempre había estado reservado/// como algo vuelto salvaje,
pero, ¿qué más ser? Sí, mi sangre y mis huesos tengo,
tengo, sí
yo era

no estaba dispuesta a salir.
He blasfemado y me he negado, pero sé que todo será devuelto
devuelto
(oh los pensamientos)
(oh los pensamientos que tuve mientras no estabas aquí)
a mí.

Me emocionó
me silenció
I was lost / can't you see?

Sólo otra adición al léxico L.
Consumido por ello
día tras día
en el parque, el ascensor, el asiento trasero del coche,
oh las cosas (...)
sólo para acercarme a ello.

Cada día me enfrento al imperativo de la liberación
vivir para contar vivir para contar vivir | para contar | vivir |
    vivir | vivir
el cuerpo de quién, propiedad de quién
gametos, ovarios, {.......}
La gente como nosotros no estaba prevista
no se tuvo en cuenta
es un momento estructural importante:
continuamente temera temerosa temerosa del aparato y del
    CICLO artificial y de tus tus tus tus corporate friends
repressive Toleranz.

Puede ser que la atmósfera sea tóxica, pero al menos tenemos
    conceptos
me gustaría ir más despacio
la velocidad de la luz sigue siendo / siempre la misma
im gleichen Atemzug.
Recientemente he desbloqueado algo en mi mente
no puedo, no, no quiero hacerlo de otra manera
menta sobre dulce sobre extra blanco
dolorosamente consciente de que tengo tres oportunidades en
    la vida soñada.

¿Estoy empezando a perder el contacto? ¿He olvidado el
  verdadero ser?
Pensamientos inacabados. Asuntos pendientes.
No estoy de acuerdo
el desvergonzado
paseando, copiando mi poesía.

Lass es dir gut gehen. ¿Quieres otro chocolate?
No, por favor
Subjektivierung entonces, nutzbringend.
La gramática profundamente incorporada,
dirigiendo esta nueva orientación en el mundo,
forjando nuestros propios mecanismos de autorregulación,
  ¿qué posibilidades tenemos?
Phantasma-Habitus-Imaginations.

Die Suche nach Möglichkeiten in einem Möglichkeitsraum
versus
every | thing which Phantasie allows.
Teilhabe {Konsens}
protesta, revolución, subversión
ideas de {f r e e d o m} puestas en {práctica} globalmente.
Dezentrierung en el Verhältnis geopolítico
dónde debe asentarse la economía y por dónde debe
  deambular {?¿}
Disculpe, estoy demasiado ocupada siendo beestung para coger
  el teléfono
Mercosur | Espacio y territorio | landgrab clásico | ¿o más
  bien el digital?
¿de cuál de ellos está hablando? de los mercados | o de los
  cuerpos | o de los pulmones | o de la flora.

El intento, anders zu leben/ vivir de otra manera
ser observado es siempre mutuamente constitutivo
más complejidad, más vida, **más y más vida**
verändert mi Wirklichkeit
tal vez la Wende espera
tal vez la Wende espera junto a la puerta
¿las realidades que deseo emergiendo de las Lebenspraktiken?

No una habitación separada
überall {en todas partes} presente
organizado, parte de la cadena de valor
Selbstermächtigung. Selbstverwirklichung. Wenn es mir besser
    geht > cuando yo esté mejor.

Todavía es martes. La vida sigue siendo enrevesada. Todavía
    me tratan como a un sujeto (........). Sigo leyendo sobre el
    otro lado. ¿Hay alguna forma de llevar una buena vida?
    Muchos lo intentan.

Sí, todavía es martes. Sí, la vida sigue siendo enrevesada.
Sí, este mundo es absolutamente aterrador.
Estoy tratando de disfrutarlo.

MAMÁ

¡Alegría Soriana!
Belleza castellana,
cara de muñeca
y sonrisa de la niña
eterna.

RÍO

Caminaré por jardines
húmedos por el rocío
y levantaré mis manos
hacia el cielo estrellado
-no voy a volver a envejecer tanto-.
Te he encontrado.

MANIFIESTO

Estos son tiempos extraños.
Vaya a donde vaya iré a buscar narcisos,
con la cabeza llena de letras de canciones,
poemas,
y esas cosas.
Nos creíamos unos rebeldes (sin causa),
la verdad es que no luchábamos mucho,
solo paseábamos
por la ciudad húmeda, melancólica,
buscando un nuevo símbolo,
una nueva bandera.

Todos los jóvenes se han ido,
me gustaría escuchar algo sobre ellos
y sobre los secretos que guardan.

Nadie sabe
a dónde iré.
Te escucho y quiero más.
Siempre estaré
entre un hueco en la pared
y el amanecer.
Algunas cosas cambian, otras siempre se quedan igual,
desde la cuna hasta la tumba,
siempre me moveré.

LOVE POEM

Ni Kandinsky, ni Van Eyck, ni Van Gogh
han podido capturar
(cuando sus negros ojos me miran)
lo que siento yo.

Este dolor tan viejo
siempre es el mismo.
(Salvia, espliego).
Mis castillos de cristal
se derrumban ante
el apogeo//de tus
ruidosos ojos cuando
pierdo
los tiempos.

AENGUS

Aún recuerdo el olor de la humeante ciudad en su pelo,
la cultura se ha desvanecido, pero se escuchan sus ecos por
    todas
partes. Él
parecía haber leído los grandes libros,
yo pensé que no volvería a ser la misma.

Me zambullí en la gran, oscura, ciudad;
la necesidad de paz me mantiene despierta,
soñando con dioses griegos y romanos.

Él vino de lejos, con sed de sabiduría,
con una maleta y el corazón roto,
listo para un nuevo comienzo.

En sus ojos vi la luz
de un brillante cielo irlandés.
Se fue y mantuvo la luna en vela
recordándome a los cisnes salvajes
que nadan sobre el lago.

Pasearé por el camino de la vida,
lo encontraré en el rincón de los poetas
(Hyde Park, London, 1994),
pero ya me habré cansado de poemas.

ÉRASE UNA VEZ EN OCCIDENTE

Érase una vez en Occidente
inventamos una sociología del tiempo
sometimes you're ahead, sometimes you're behind

casas europeas
y altas, altas ventanas de cristal
la mujer de enfrente lee su libro
(Eduardo Mendoza)
hacia atrás
robando tiempo
nada que decir
otra vez de noche
es hora de que mi mente divague
cerrar los ojos

convertirme en una Emily Brontë, Lucia Berlin, Sylvia Plath
mi vida solitaria a mi alrededor como un páramo

casi puedo oírte suspirar
clavado en mi cuaderno de emergencia
esa mirada en tus ojos
no te dejes llevar por el encanto
no te dejes llevar por el encanto
quiero arrastrarme

sabes, el insecto más pequeño puede nublar la oligóptica
entidades tomando forma debajo, muy por debajo de mí
yendo donde otros no van
formando redes que no entiendo

si prometes absolución la gente esperará siglos por ella
can't start a fire without a spark
todavía puedo sentirlo muy claramente
justo debajo de la cámara izquierda de mi corazón
es la nueva economía moral de la gracia
las manos que apenas se tocan: ¿qué?
significa muy poco
significa de aquí ____ a casa
estoy esperando la segunda venida
esperando parecerme a otra mujer por la mañana
prowl prowl prowl

bajo el sinfín de libros y monografías
me siento tan insignificante
una chica como yo se siente silenciada en lugares
donde otras personas se sienten liberadas

mirada interminable en la que estoy
una vez más
siendo parte de la historia del alambre

MODERN LOVE

Compartiremos un amor moderno.
Saldremos de copas los viernes,
conduciremos sobre las áridas carreteras
ardientes.

Veremos a personas flamantemente nuevas.
Cada vez que te veo cruzar el umbral de la puerta
pienso que
eres la clase de persona que quiero amar.

Andas como una persona pero
hablas como un profeta,
sonríes como un reptil
pero escribes como un poeta.

Soy adicta, soy
la conexión principal
que une tu alma con tu sangre,
mi amante moderno.

Bailaremos descalzos
al ritmo de la música más extraña,
nos encenderemos como velas.

Somos la esencia,
somos amargos,
como la creación del mundo,
llenos de escombros y polvo.
Créeme cuando te digo que
somos bellos.

EL NUEVO ACUERDO GLOBAL

Cuando veo a un par de niños
y pienso en las bombas y en las casas
y en los rayos UV y ultra extremistas y parlamentarios de gabinete
casi siento en mis huesos
que prácticamente todo está mediado por la tecnología
incluso la fe

sólo otra personita muda
parte del sistema global que des-articula y oscurece las asimetrías
hijos del postfascismo, brillantes
gestionando mi Selbststeuerung para mi Selbstverwirklichung en
    este neoliberaler Kosmos
can't phantom to tell you what war on women does

y de inmediato me viene el pensamiento
oh ojalá las cosas fueran más justas *para los animales, para las personas*
productivas e intercambiables, bienvenidas, procesadas según el
    sistema / código sin fin / intensamente glorificado
todo lo que se coloca estratégicamente en el pasillo de la
    luminosidad contribuye a la mascarada
¿Podría indicarme a quién debo dirigirme con mis preguntas
    restantes?

Ventanas altas de nuevo
yo siendo algo diferente
todos los mundos pasados se han hundido
persona somos sobre todo para los demás
siempre exagerando lo idénticos que somos a nosotros mismos

con el espíritu de producir una inscripción lo más fiel posible de la
    personalidad convertible, llevo un diario.
luego vino el incidente de la píldora,
los papeles de Berlín, el asunto de Stansted,
mi ridículo enfado con el imitador,
el episodio de Colonia
aunque en su momento me pareció muy bonito

¿De verdad me escribieron en esa lista? Decir que me decepcionó
    sería quedarse corto
no es que me importe
¿Por qué iba a importarme?
últimamente no encuentro tiempo para entregarme a ninguna
    tristeza
lo cual es una pena, ya que es cuando soy más productiva
oh las cosas que le hice a mi pensamiento - mientras estaba lejos
era el tipo de persona que anhelaba la belleza en su vida
oh las cosas que pensé - mientras estaba fuera

mi excesiva necesidad de espacio personal, por favor no toques mis
    abstracciones
algunas cosas simplemente no se pueden hablar y deben ser escritas
me gustaría volver a casa y estar sola
pero por el aspecto de las cosas tendré que posponer mi poema un
    día más

me gustaría beber mi té, desayunar y tomar mis pastillas en paz
llegar a realizar la obra de mi vida de una vez por todas
ya que no me estoy volviendo más joven
escuchar música, ver arte
tumbarme en la arena, ir en bici o subirme al autobús
hacer algo patéticamente ridículo

ahora que sé que sostuve el cuchillo del alto orgullo y la rectitud
   durante demasiado tiempo y contra los equivocados
por qué esto, por qué ahora

pero entonces, ¿qué está reservado para una chica como yo en este
   siglo?
no lo sé, ya que Lynch no me lo diría
Leichtigkeit en esta Leistungsgesellschaft
pero tengo Lebensdurst
como Paris, Texas
when you know, you know

dinner with a friend
Stimmung in the Denkkollektiv
almas afines tan amables que puedo sentir a Dios, o la divinidad a
   través de ellas
no es que tenga una fe muy definida de todos modos
es la ultraviolencia del corazón
abandonadas todas las esperanzas de
ser más doméstica, más correcta, más dócil, con la edad

¿Qué le espera a una mujer como yo en el siglo XXI?
Esperemos que sobre todo libertad, libertad, conocimiento, un
   poco de amor
y sentido

que en sí mismo
   es prístino e ilustra todo y es interminable y lo abarca todo

mientras se desliza por la escalera de la vida
hasta el olvido, sin fin

CONTINENTAL 010

Apagando cabezas
una opinión
de mi cabeza se fue
la última vez que mi mente _____
                                              cayó
días sin prisa, sangre lunar
espero que estés contento, espero que estés satisfecho
                       con lo que me has hecho
a mí, sí,
esto, lo hago como un acto de valentía
como un acto de autoprotección
mientras el suelo se derrumba
no cogeré el teléfono
no abriré la puerta.

Sé que no debería escribir por despecho
pero si me dejas, puede que lo haga
por qué por qué
has hecho de herir mis sinceros sentimientos tu misión
                              mi sincero intento de vivir

chica melancólica
mi vida era un gas, me encantaba la melodía
rebosante en el nuevo mundo.

Trans-vuelo
zumbido
hablaba por teléfono

quería irme a casa _____ con los zapatos en la mano,
   sin hacer ruido,
time to go

hasta entonces
si dudo de mí
si estoy perdiendo terreno
si

me siento vorazmente sola eficaz y rápida,
pendientes de aro.
Un buen amigo al que recurrir.
El amor no puede aniquilarme. Créeme, lo ha intentado antes.

       Nueva carne sí, mi favorita, sí, technoflesh:
¿Por qué no me dejas existir como soy?
¿Por qué no lo entiendes?

Caminando
leyendo las paredes
gases de escape
corriendo detrás de los trenes
siendo arrastrada por
tuberías
sabor a rebelión
movida por aguas oscuras
anuló mi necesidad personal de pozo (.....)
los cambios que

los cambios por los que he pasado
han dejado una marca en mí

¿Identidad?
nada constante excepto la Estrella del Norte

¿Cómo oirán?
¿Cuándo aprenderán?
¿Cómo sabrán...?

Oh sí, ellos me ayudaron entonces
fueron de gran servicio, servidumbre, ¡qué da!
ya que parecía que no había manera de apagarlo
o ralentizarlo
al menos me ayudaron relegándolo a lo privado,
congelándolo, asfixiándolo...
...para que no tuviera que pasearlo...
con mi estúpido orgullo
llevarlo con vergüenza
como algo que no puedes suavizar
cuando el cerrojo se puso, vela encendida
acoger la gran mirada, la poesía aún mayor

desaparecer por un tiempo, teñirme el pelo, cambiarme el
    nombre
salir, salir
alejarme, alejarme

volver a ser los ojos desconocidos
volver a ser el rostro desconocido
sí, no es demasiado tarde.

Una forma cada semana menos reconocible,
un propósito más oscuro. Me pregunto quién...

O se convertirá en mi representante,
aburrido, desinteresado, conociendo el limo fantasmal
disperso, pero cuidando esta cruz de tierra

sueño con ser amable, pero sin embargo estoy saturada
por todo lo que desconozco
estos días, anoche, esta mañana
he deseado demasiado

un hambre en mí de ser más seria
y gravitando con ella hacia estos terrenos,
apropiados para volverme sabia

somos personas diferentes y vivimos vidas diferentes
y decir: sí, me han herido.
Aunque aún no puedo decir por qué

como mujer debo ser valiente
porque mi oportunidad sólo puede llegar una vez en la vida

la gente, la gente
pasa sin fin, sin fin
sin sentido ni razón
las quiero
las necesito
por qué
deberían estar

SOBRE EL HABITUS ERÓTICO DE BOURDIEU

Un momento de reflexión sosegada podría sugerir que el cuerpo es una tabula rasa para la expresión del individualismo: un vehículo para que el sujeto se mueva a través de las situaciones señalando sus preferencias personales.

Pero el cuerpo es mucho más que eso. Lo que consideramos el museo privado de nuestra mente es más bien un espacio en disputa, moldeado y comisariado junto con y por el mundo social que habitamos. A través del proceso de habitualización, nuestra ubicación en la estructura social, nuestro juego en el campo y nuestras interacciones cotidianas se somatizan en la carne. Esto, a su vez, produce y reproduce nuestros gustos y comportamientos individuales. Lo erótico no es una excepción.

Al profundizar en los imaginarios, límites y deseos podríamos descubrir que, después de todo, no somos tan individuales como creemos. Al mismo tiempo amos y siervos de nuestros propios deseos y destinos, ascendemos por la escalera de caracol de la vida hacia la luz de la mente...

NOTA NOCTURNA XII:

Mientras se reducen rápidamente los espacios abiertos para el desarrollo de la razón crítica y creativa, me gustaría estar en actividad permanente... para contrarrestar la liquidación final del sujeto. Para descubrir y rastrear las leyes ocultas de las cosas, para profundizar en mi espíritu, para hacer más aparentes las sensibilidades de los individuos hacia el mundo y el universo y para ser más creativos. Y para ello hacen falta rigor conceptual, imaginación teórica, responsabilidad ante las alternativas y valentía intelectual.

SUEÑA CON EL SOL

Sueña con el Sol
ella,
La Reina de las Lluvias.

JUSTICIA

¿Justicia?
¡De eso no tenemos! Si
quiere usted, apatía,
de eso sí tenemos.
Pero, justicia... ¡No!
Vuelva otro día.

VETE Y REGRESA LLENO DE ESPACIO
Y DE TIEMPO

La puerta D es como otro mundo.
Las máquinas de café no funcionan en la puerta D.
(*¡Aquí va la tecnología!* Dice la señorita del mostrador).
Los aeropuertos son lugares extraños:
Algunas personas son amables. Otros son maleducados.
Algunos se quedan mirando.

Me detengo.

Tanto depende
de

un pequeño policía

vestido con un
traje azul

dentro de una pequeña
cabina...

...en el control de pasaportes.

MI COMPAÑERO

Los días han dejado de
ser todos iguales,
la luz
de tu belleza
los perfila.

Las estrellas se alinean,
todas mis vidas pasadas
me iluminan.
Te esperaré por siempre,
te llevaré conmigo
a la tumba.

UN DÍA FUERA DE LA LENGUA

Para Alba

Edificios con pequeñas puertas, ventanas
el tiempo
dibujado como cristal
en las obras de arte

hoy sobre mi escritorio
pensamiento mortal
Miranda Fricker
Axel Honneth
Clifford Geertz
recordaré todo
en la red del imperio de los nombres

vivimos felices durante nuestro día
fuera del lenguaje
donde las horas se doblaban
para salir del tren
de vuelta a mi habitación

estoy tan estúpidamente sola después de ti
querida amiga
para reflexionar sobre la complejidad de lo que funciona
tan estúpidamente sola
sin embargo, vamos a aparecer todos los días
a esta labor del amor

dedicaremos tiempo a anotar nuestros pensamientos
dar lo mejor de nosotras
emprender un buen trabajo

aun así, siguiendo a Audre Lorde
¿Bastarán las herramientas del amo
para desmantelar la casa del amo?

Las sombras se reúnen
alrededor de la luz vibrante
de nuestras frágiles vidas
las sombras se reúnen
para contar sus historias inventadas
sobre las paredes de mi habitación
tan estúpidamente sola

¿Acaso me atrevo a dormir? ¿Me atrevo a suspirar?
Solo tengo pensamientos enredados
que no hacen más que incomprensiblemente
pasar, rotar, pasar, rotar, pasar

VIOLENCIA EPISTÉMICA

Y cuando mi ira afloró de forma muy real y muy palpable decidí:
a partir de ahora, debe ser la verdad y nada más.

El orden del viejo mundo
autoridades cambiantes
dominio sin función
movilizar un tono sociológicamente ingenuo
la bestia que retrocede, que traza la cuestión
el retorno de la anormalidad
grados de libertad cómo medir
lucha de clases sobre la mesa
gran sensibilidad al poder
narcisismo
incoherencia de estatus encarnada
un entierro muerto
memoria organizativa
¿qué es _ _ _ _ _ _ _ _ _ _ ? Añada el conflicto generacional, reste la
    pertenencia
Prozesspartei
la sociedad del riesgo
cuáles son los criterios de (des)claridad
conocer las actividades y ocupar ese espacio
cansada de ser la presa favorita
un debate de nexo deconstructivista con poca
profundización en el empirismo
altamente conceptual, en el aire, dislocado, dónde están los vínculos
con lo pequeño, lo detallado, el caso
amplia difusión en los círculos de expertos

informe
gente esperando en colas
hablando en un idioma que no hablamos
el próximo nicho o la próxima gran cosa
sistemática, selectiva, despiadada, brutal, ignorante

nunca más
nunca más renunciaremos a nuestro sueño

¿qué estamos haciendo aquí?
hasta qué punto lo estamos haciendo bien
cuánto podemos mostrar
por qué debemos compartir nuestra perspectiva
por qué debemos quedarnos

si sólo somos personas
si sólo somos personas increíblemente cansadas

agotadas
agotadas
agotadas
agotadas
agotadas de su violencia epistémica

EL ESTADO HOY

El Estado de hoy está hecho de muchos ojos.

Despachos, salones de té
líneas cortadas.

El guante de terciopelo sobre la mano de hierro.

El Estado de hoy está hecho de muchos ojos.

WORLDS APART

Apetito por la naturaleza
traté de hablar con Dios, pero no está en la oficina

me levanté, rodé fuera de la cama
he estado interpretando un papel que es irreconocible para mí misma
quizás sea verdad que no estoy de parte de nadie

este apetito mortal
dónde ir con él
qué poner en su lugar

hoy me he cansado tanto de mí misma
me he vuelto agudamente consciente de todo lo que he dado por
    sentado
¿Acaso no hay forma de salir de la mente?

Me gustaría desaparecer y convertirme en algo completamente
    diferente

¿Dónde has estado? ¿Qué has hecho? ¿Por qué lo hiciste?

CONOCIMIENTOS SITUADOS

La arquitectura del yo
que en ciertas esferas
puede soportarlo todo

instrumentos de visión que ya no se empañan
como la luz del sol en los ojos tras un largo sueño
conciencia fugaz
siempre intentando traspasar la velocidad de la luz
la barrera de la piel

la heterotopía dura un minuto
protegerse y preservarse dentro del margen de seguridad

en un mundo hostil
estar vivo siempre será una emergencia

nuestro pulso vital se concentra ahora
podemos sentirlo muy claramente
por la cavidad izquierda de nuestro corazón

que ha llegado el momento
de ponernos guantes blancos
y diseccionar, simplificar, extraer
la gran sinfonía de la mente

VUELO I

Las colinas de mi hogar
todas las cosas a las que renunciamos

precaución radiación
en el estado de seguridad
no me preocupa demasiado lo que pueda pasarle

a mi espíritu

todas las cosas que deseamos
nadie intentó averiguar quién soy

y la broma más pesada en un mundo así es
que, aunque pase el tiempo,
Berlín, Berlín
sigo pensando en ti

VUELO II

Elegantemente sensible
poniendo mi vida en manos de otro

algo tan pequeño como una contraseña

entrando en el espacio aéreo alemán
esperen turbulencias

you could have called to let me know
así que esperé en silencio un millón de años a que llegase tu carta
en la metrópoli gris de mi corazón

NAUSÍCAA

Lavo mi propia ropa
y lavo mis propias sábanas
y elimino mis propias manchas
como si mi cuerpo fuera veneno,

¿Acaso no tienes compasión?
creo que pasaré la eternidad en alguna ciudad
dejaré que el carbono y el monóxido ahoguen mis pensamientos
cambiaré mi nombre y empezaré de nuevo

llevaré mis gafas de sol y mi mejor chal
me tumbaré al sol, enviaré algunas postales
ahora que he perdido el interés en
tomar café, ir de compras
escuchar tus disquisiciones arrogantes y vacuas

somos personas diferentes y tenemos vidas diferentes
aún me queda mucho trabajo por hacer
y decir que sí, que me han herido, aunque no sé muy bien por qué
así estoy yo: siempre mirando hacia el sur
buscando un lugar donde recoger mi vida
la frontera es lo que nos une

me gustaría ser amable, pero estoy tan saturada de ser incomprendida
hace tiempo que perdí mi lengua materna
y la naturalidad de mis sentimientos, la autenticidad de mi pensamiento
han desaparecido

todo el mundo se ha ido a la luna
es la nueva economía política de la gracia
cartas que he escrito sin intención de ser enviadas…

Buy that book. Reach out for his hand.
Te dije el porqué y tú no me creíste

lo diré de nuevo: por lo que vale la pena
hablando de tales cosas las arruinamos
el inspirar pasiones tristes es necesario para ejercer el poder

el miedo no me servirá de nada
en la nueva tierra
qué hemos hecho
¿Qué hemos hecho de nuestras vidas?
de mi vida
cuando acabe la guerra
en la nueva tierra

todo lo que fue glorioso y luego se perdió
tengo *Fernweh* for everything I haven't done

estos días no he hecho más que caminar como si fuera una
    herida abierta
preguntándome cómo sería
zambullirme
a los cuartos oscuros del alma
en el centro de toda sensualidad, sólo encontré poder

afortunadamente detecté, justo a tiempo, las consecuencias
    potencialmente desastrosas de apuntar el arma hacia el
    hombre equivocado

moving targets
no woman ever built castles by staying nice and harmless

Nuestra tragedia de hoy es un miedo físico general y universal tan largamente sostenido por ahora que incluso podemos soportarlo. Ya no hay problemas del espíritu. Sólo existe la pregunta: ¿Cuándo volaré por los aires? Por eso, el joven o la joven que escribe hoy en día ha olvidado los problemas del corazón humano en conflicto consigo mismo, que es lo único que puede dar lugar a una buena escritura, porque sólo sobre eso merece la pena escribir, merece la pena la agonía y el sudor.

Me niego a aceptarlo. Creo que el hombre no sólo resistirá, sino que prevalecerá. Es inmortal, no porque sólo él entre las criaturas tenga una voz inagotable, sino porque tiene un alma, un espíritu capaz de compasión y sacrificio y resistencia. El deber del poeta, del escritor, es escribir sobre estas cosas. Es su privilegio ayudar al hombre a resistir elevando su corazón, recordándole el valor y el honor y la esperanza y el orgullo y la compasión y la piedad y el sacrificio que han sido la gloria de su pasado. La voz del poeta no tiene por qué ser simplemente el registro del hombre, puede ser uno de los puntales, los pilares que le ayuden a perdurar y prevalecer.

EXTRACTOS DEL DISCURSO DE WILLIAM FAULKNER,
PREMIO NOBEL DE LITERATURA 1949

GUILT GRIEF ATONEMENT REDEMPTION

Here and now.
Considering that life doesn't last that long we should
 make the most of it.
Underwater
  Soil
    Asphyxia
          American pie
              Stalinism
                Student
                  Welfare line
                      Neurodivergent
                        IQ
                          Personality
                            Boundaries
                              Alienation
                                Culture shock
                                  V for Vendetta
                                Sodium chloride
                                  Basque country
                                    PhD in sociology
                                  Francisco Franco
                                    Penicillin resistance
                                      Harassment
                                        Lesbian
                                          Femboy
                                      (poetry is mostly

about the things *we don't say*)

                                      Bonnie &

Clyde

Quantifiable

Responsibility to protect

Veganism

Age of

consent

Hobbesianism

Séneca

Expat

Able-b

odied

Biphobia

Carlos Maura

Sexual disgust

Dostoyevski

Privilege

Witchcraft

Memory castle

Gauss

0-1

Selectividad

'Hello world'

Seagulls

Pollution

Jarvis Cocker

Brussels

Dating apps

Long Distance love affair

Tom petty

Scottish nationalist party

Tocqueville

William Wallace

$$

William Faulkner

Louis IX

Mahmoud Darwish

Psychoanalysis

Diagnosis

Palestine

Hannah Arendt

Obsessive **C**ompulsive **P**ersonality

Disorder

Mediterranean diet

Nudist beaches

Decency

Circular Economy

Monogamy

False diplomacy

Church

Churchill,

Winston

Archbishop

of Canterbury

Polyamory

Hysteria

Adultery

RACK

World Health Organisation

The commonwealth

The Queen

Morrisey

Warlord

Blood diamonds

Biracial

Binational

Female Genital Mutilation

Friendship

Hardship

Zeus

Open spaces

Science fiction

Black holes

Rajoy

Ignorance

1920's

Peggy Guggenheim

Britpop

Chess (the musical)

Democratic transition

Ethical omnivores

Childcare

Leftist

Moral

Foundations Theory

Solo contigo

Census representation for prisoner

Gerrymandering

Aizkolari

Margaret Thatcher on TV

Weimar

República

Avant Garde

Guerra Civil

Rosario

Catholicism

Constitutional

Foucault

Monarchy

Medicalisation

Cataclysm

Autobahn

Bourdieu

Hold the line!

Imperial system

Rapid eye

movement

Mushrooms

Republican

Interaction Ritual Chains

Cigarettes

Pronouns

Collins, Randall

Prepaid phone

Nationalism

Uppsala conflict database

Polyglot

Fachidiot

Vangelis

'Blood for oil' thesis

Yuri Zhivago

Immaculate conception

High (in) fidelity
there must surely be a place. for the abecedarian of my
thoughts. for the things that roam in my head.

Amama

Tornado shelter

Zeitgeist

Indigenous

Inquisition

Detectives

Dire Straits

Croquetas

Objet petit a

Birth control

Fukushima

Inheritance

IRA

Young Men Christian Association

Rock español

Politology

Banlieue 13

Sacristy

Publicity

Serendipity

you go your own sweet

your own sweet way

ÍNDICE